창비시선 20

신 동 엽 詩 選 集

누가 하늘을 보았다 하는가

창비

차   례

제 2 부   유작 및 연대미상작

제 1 부

1959~1968

이야기하는 쟁기꾼의 大地

서 화

당신의 입술에선 쓰디쓴 풀맛 샘솟더군요. 잊지 못하겠어요.

몸냥은 단 먹뱀처럼 애절하구, 참 즐거웠어요. 여름날이었죠.

꽃이 핀 고원을 난 지나고 있었어요. 무성한 풀섶에서 소와 노닐다가, 당신은 가슴으로 날 불렀죠.

바다 언덕으로 나가고 싶어요.

밤 하늘은 참 좋네요. 지금 지구는 여행을 한다나요?

관좌성운 좀 보세요. 얼마나 먼 세상일까요……

기중 넓은 세상은 어떻게 생겼을까요…… 그럼 그의 밖결엔 다시 또 딴 마당이 없는 것일까요?

자, 손을 주세요. 밤이 깊었어요.

먼저 쉬이세요. 못 잊으려나봐요. 우리가 포옹턴

하늘에 솟은 바위, 그 밑에 깔린 구름,

불 달은 바위 위에서 웃으며 잠들던 아무것도 걸치지 않았던 당신의 붉은 몸.

언제여든 필요되거든 조용히 시작되는 그 서무곡으로 백학의 대원 휘파람 하세요. 돌아가 묻히겠어요, 양달진 당신의 꽃가슴으로, 아마 운명인가봐요.

그럼 안녕히.

제 1 화

그늘 밑 꽃뱀 얽혀 있는 산중에서 산삼을 찾고 있었네.

그날 삼은 보지 못했으나, 여인을 만나 정성을 다한 씨 심거주었네.

나락이며 보리며 목화씨며 경지에 뿌리고 돌아다녀도 아무도 마다하데. 지구는 이미 먼저 나온 사람들이

한 몫씩 논하갖고 말아버렸데.

　땅 한번 디뎌도 세금이 좇아오데. 바람 마시는 값으론 코를 베어주었네.

　억광 하늘 아래 절름거리며 지나간 초라빛 나그네 하나 있었다니라. 하여 앞도 뒤도 없는 이야기 몇 말, 노변에 뿌려놓고, 억광 하늘 아래 신명은 처음으로 그곳서 빛나, 뻗은 무지개 우주를 벗어나 스러져갔다니라.

　이르노니,

　지금 예까지 와 있는 역사의 중량이여.

　당신의 보따리 속에 든 인구며 곤충이며 전통이며 문명이며, 한데 묶어 머리 이고 하늘향 앞발 한번 버팅겨보시지.

　짖궂은 이야기다.

허허만년

초원이 있고, 냇물이 있고, 양달이 있고, 독사가 있고,

암과 수 쌍쌍이 엉켜 새끼 치곤 죽어져갔다.

제 2 화

간밤에 밟히워 간 가난한 목숨들의 명복을 위하여. 지금 어디선가 아우성치고 있을 못된 아귀들의 진혼을 위하여. 그리고는 내일날 태양빛 찬란히 빛나 있을 사형집행장, 꽃바람 부는 교외, 잔디밭 언덕으로 끌려나갈 아름다운 인류들의 눈물을 위하여.

내 동리 불사른 사람들의 훈장을 용서하기 위하여. 코스모스 뒤안길 보리 사발 안은 채 죽어 있던 누나의 사랑을 위하여.

감옥 돌 묻으러 갈 꽃상여의 길닦이를 위하여. 아프리카사막서 일사병으로 눈먼 식민지 병사들의 월급봉투를 위하여. 그리고는 먼 훗날, 당신이 서 있을 대지를 쪼개고 솟아나올 시생대 암층 깊숙이 우리의 대서사시를 새겨넣기 위하여.

제 3 화

내가 온달 때 당신은 구름 덮으시더라.
나는 원시. 그래서 당신은 멀리 있어야
잘 생각난다 이렀더니, 싫어도 당신은 끄덕이시더라.

무엇을 너는 내게 요구코 있는 건가.
나의 간 말인가?
금닛발 말인가?
귀 말인가?

옛날엔 명실상부 직업전투가가 있었삽니다.

이 기 저 기 팔려다니며 성문지기, 호랑이잡이,
이마에 뿔 돋치고 양 어금니 째져나온 불쌍한 종족들
이 살었댑니다.

오늘날 그들은 출세도 했습니다.

내성에 들어와 옥좌를 마련코, 부족 눕혀 구중궁궐
쌓올리고 백성 목덜미 위 군림하여 천하를 호령하고.

나도 물론 蠻族戰爭엔 나가보았습니다.

창 들고 도끼 들고 코걸이 하고 귀걸이 하고.

닥치는 대로 대갈통을 바수어 함지박처럼 머리에 엎
어쓰고,

가슴팍을 꿰어선 나무에 매달아 두고.

못난짓 버릇 가운데 몸을 담그고

오랜 세월 숨 쉬어간 사람들이여,

도끼는 신기해도
손재주가 만든 것이며.
비행기는 비싸도
땅에서 뜨는 것이다.

떡쇠의 입에는 쌀이 하루 세 사발,
수상님의 대장에는 비계가 하루 세 사발,
대헌장은 존엄해도 개호지의 안경이다.

못난짓 버릇 가운데 몸을 담그고
오랜 세월 버둥겨 간 사람들이여,

까마귀는 내려와 선달이 가슴 위에
구데기를 쪼아서 주둥일 닦을 게고

장군님의 존안 위에 평소히 앉아서
누깔을 빼먹고선 갸웃거릴 것이다.

　내 고향에 피는 꽃은 무슨 꽃일까.
　봄, 갈, 여름, 내 생지에 펴나는 꽃은
　무슨 꽃일까. 두견이, 패랭이, 들국?

거짓말이다. 그런 꽃은 내 고향 산천에
펴나지 않는다.

들길을 가로질러 달구지가 지나갔다.
낯익은 얼굴들이 호박처럼 매달려
메마른 돌밭 위에 부숴져가고 있었다.

벗이여, 눈보라 쌓이는 밤
이리의 겨드랑에 손을 넣으면,
다스운, 다순 피가 안 돌고 있을 것인가.

벗이여, 광막한 원시림.
인간 된 거죽 훌훌이 찢어 던지고
산돼지 되어 두더지처럼 살아갈 순 없단 말인가.

아름다운 바람 하늘 높이 흘러가고
억만년 햇빛 머리 위에 퍼붓는다.

어데를 흘러가는 싸움떼이게
그 많은 다툼에도 시비가 남았느뇨.

어데를 흘러가는 목숨들이게
양뿔이 빠지고도 꼬리마저 잘려 있느뇨,

하면, 오늘밤을 어떻게 할 테란가.
'박애'로운 폭약이여, '정의'로운 침략이여.

메마른 공분모가

화려한 문명시엔 유세스런 장막이고, 이도령은 당신네

호랑이굴 아구리에 네 다리로 막고 서서

꽂혀오는 화살은 등가죽으로나 헤이고?

산과 산.

산과 산,

모과나무 가지엔 무엇이

걸레처럼 발기발기 찢어져

걸려 있었고.

돌벼개,

바위 그늘.

땀으로 세수하다

이슬에 목 축이며

동으로, 서으로,
남으로, 북으로.

오늘에 미친 사람
내일로 바람자케,

내일로 죽힌 사람
모레에 환생하케.

하여 원수로 죽은 사람
원수로 더불어 복수케 하며,

독엔 독으로
창엔 창으로
바퀴엔 바퀴로.

태양 밑에 있고 싶은 자 있게 하고
없고 싶은 자 없게 하라.

싸우고 싶은 자 저희끼리 싸우게 하고
독존하고 싶은 자 철창 속에 독존케 하라.

투구를 쓰고 싶어 하는 자
쇠항아릴 만들어 깊숙이 씌워주라.
영웅이 되고파 서두르는 자 로케트에 매달아
대기 밖으로 내던져버리라.

무엇이 남겨졌고
무엇이 돌아갔는가.

빛나는 여름.
구슬 뿌리며

산맥을 넘어간,

소녀들의
흰 발이여.

지금은 바람 잔
언덕 위.

패랭이.
민들레,
들노래처럼
사라져간

그리운,
이름,
이름이여.

제 4 화

어두운 대지 한 가닥 서기 있어, 무릎 모두우고 일
어 앉는 그림자. 헝클진 앞가슴 아무려 여미며 비녀는
입에, 두 손은 머릴 간조롱이고, 동트는 대지 계곡과
들녘에 한 올기 맨발 번 육혼은 살아.

태백줄기 고을고을마다 강남제비 돌아와
흙 물어 나르면, 산이랑 들이랑 내랑 이뤄
그 푸담한 젖을 키우는
울렁이는 내 산천인데……

맛동마을 농사집 태어나 말썽없는 꾀벽동이로
딩굴벙굴 자라서, 씨 뿌릴 때 씨 뿌리고
건어틸 때 건어틸 듯, 이웃 말 어여쁜 아가씨와
짤랑짤랑 꽃가마도 타보고,
환갑잔치엔 아들 손주 큰절이나 받으면서

한평생 살다가 묻혀 가도록 내버려나주었던들.

흙에서 나와
흙에로 돌아가며.
영원회귀 운운 이야기는 없어도
햇빛을 서로 누려 번갈아 태어나고.
자넨 저만큼,
이넨 이만큼,
서로 이물을 두고
따 위에 눕고.
사람과 사람과의
중복됨이 없이,
흙에서 솟아
흙에로 흩어져 돌아갔을,

인간 寄生을 모를
사람들.

산정의 제왕……
얼마나 좋은가.

그리고 나의 발 아래 저렇게 많이
산의 경사를 좇아 무진한 돌들이
천꼴 만색으로 붙어 있지 아니한가.

대지에는 지열도 영천도 솟는다 하데마는,
짐이 디디고 있는 이 산은 인육으로 구축된
말하자면 기생탑일세.

해서 그들의 등가죽엔 강물이
흐르지 않는단 말야.

헌데 건 그렇고. 우스운 이야기는
따에 붙어 사는 그 버섯들의 살림살이 말일세.

그들이야말로 이런 따위,
저희끼리 눈감고 아옹하는 격,
왕궁과 통치권엔 아랑곳없으니까.

2차대전 저물어가기 얼마 전의 이야길세.
두만강변 어느 촌락을 지남 길
한 할아버지로부턴 이런 이야길
들은 일이 있네.

　　우리하고 글쎄 무슨 상관이 있단 말요.
　　왜 자꾸 와 귀찮게 찝쩍이냐 말요.
　　내 멀쩡한 사지로 땅을 일궈서
　　강냉이, 고구마, 조를 추수하고
　　옆 마을 해삼장 점북과 바꿔오구,
　　시집보내구, 장가보내구, 잘사는데,
　　글쎄 뭘 어떡하겠단 말이랑요.

그러나, 그들의 마을에도, 등가죽에도,
방방곡곡 뻗어온 낙지의 발은
악착스레 착근하여 수렁이 되었나니.

그렇다 오천년 간 萬主義는
백성의 허가 얻은 아름다운 도적이었나 ?

제 5 화

가리워진 안개를 걷게 하라,
국경이며 탑이며 어용학의 울타리며
죽가래 밀어 바다로 몰아넣라.

하여 하늘을 흐르는 날새처럼
한 세상 한 바람 한 햇빛 속에,
만 가지와 만 모래를 한 가지로 흐르게 하라.

보다 큰 집단은 큰 체계를 건축하고,
보다 큰 체계는 보다 큰 악을 양조한다.

조직은 형식을 강요하고
형식은 위조품을 모집한다.

하여, 전통은 궁궐 안의 상전이 되고
조작된 권위는 주위를 침식한다.

국경이며 탑이며 일만년 울타리며
죽가래 밀어 바다로 몰아넣라.

제 6 화

없으려나봐요. 사람다운 사낸. 어머니, 어쩌면
좋아요. 이 숱 많은 흰 가슴, 텃집 좋은 아랫녘,

꽃잎 문 입술…… 보드라운 대지 누워 허송
세월하긴, 어머니 차마 아까워 못 견디겠네요.
황원 말발굽 달리던 황하기 사내 찰코 그립어요.
어데요? 그게 어디 사람이에요? 기술자지.
어데? 그건 뭐 또 사람이에요? 제2급 齒車라고
명패까지 붙어 있지 않아요? 어머니두.

저건 꼭두각시구, 저건 주먹이구, 저건 머리구.
별수없어요, 어머니, 저 눈먼 기능자들을
한 십만개 긁어모아 여물솥에 쓸어옇구
푹신 쪼려봐주세요. 혹 하나쯤 온전한
사내 우러날지도 모르니까.

해두 안되거든 어머니, 생각이 있어요.
힘은 좀 들겠지만 지상에 있는 모든 숫들의 씨
죄다 섞어 받아보겠어요. 그 반편들 걸.
욕하지 마세요. 받아 넣고 정성껏 조리해보겠어요.

문제없어요, 튼튼하니까 !

　　제길할, 빈집뿐일세그려. 주인은 없는데
　　하인 객들이 얼싸붙고 닭 잡아라, 절 받아라,
난쟁이니 썅.

비로소, 말미암아, 바야흐로다 ?

　　거북등에다 집 짓고 늘어붙는 소라.
　　잠자는 코끼리 등에 올라 국경을 그어
　　놓고 다퉈쌓는 개미떼.

　　깊은 지옥의 아구리에 백지 한 장 깔고
　　행복한 곰의 눈.

　　쇠기둥과 가시줄로 천당을 지어놓고
　　문 지키는 수고.

귀부인 발톱에 매니큐어를 칠해주고
밥 얻어먹는 전문가.

해 저문 바닷가의 구두수선가씨,
단애 위의 이발사선생,
산록의 수렵가박사.

그만 돌아들 오시지,
삼간초옥 등 비친 창문이 기다리고 있는데.

매미는 언제까지 뜻 모를 소리만 울어예는가.

온실 속서 울어예는 매미는 무엇을 먹으려고
살아쌓는가.
노동은 머리 위에 나비꽃이나, 한 마리 매미를
달기 위해, 열두 해 긴긴 세월 밭 가는 돼지?

돼지는 노래하라,
밭을 갈면서.
씨를 뿌리라 한 알 한 톨
피맺힌 말쌈으로.

돼지는 말씀하라,
밭을 갈면서.
예보하라, 날씨도.
실업케 하라, 왕도.

한 알 한 톨,
피맺힌 말쌈으로.

후 화

숱한 봄, 여름, 가을, 잊혀진 세월

양지바른 분지 잡초의 떼는
무성케도 이루어 쓰러져 갔다.

무너진 살림살이 해마다 쌓여
마흔아홉 두께의 비옥한 층을 입었을 때,

그곳에선 육신 같은 미끈한 줄기가
아름다운 향기를 사지에 뿌리며
하늘거리는 요화처럼 돋아나고 있었다.

한 그루 불전을 꽃피우기 위하야
선사 오천년은 묻히어 갔고.

한 그루 피어난 성서의 지층에는
구십구억 창세인민의
몸부림 든 사상이 썩어 있었다.

우리들이 돌아가는 자리에서
무삼 꽃이 내일날 피어날 것인가.

잡초의 무성을 나래 밑에 거느리며
칠천년 늙어온 몇 그루 고목,

당신네 말쌈도, 지혜의 법열도,
문명의 행복도, 그대네 작업도,
늘어붙어 지층 이룰 갑충의 무덤.

정신을 장식한 백화만상이여
몇만년 풀밭 이룬 人種의 가을이여.

흐무러지게 쏟아져 썩는 자리에서
무삼 꽃이 내일날엔 피어날 것인가.

우주 밖 창을 여는 맑은 신명은

태양빛 거느리며 피어날 것인가?

태양빛 거느리는 맑은 서사의 강은
우주 밖 창을 열고 춤춰 흘러갈 것인가?

<朝鮮日報·1959년 1월>

진달래 山川

길가엔 진달래 몇 뿌리
꽃 펴 있고,
바위 모서리엔
이름 모를 나비 하나
머물고 있었어요.

잔디밭엔 장총을 버려 던진 채
당신은
잠이 들었죠.

햇빛 맑은 그 옛날
후고구렷적 장수들이
의형제를 묻던,
거기가 바로
그 바위라 하더군요.

기다림에 지친 사람들은

산으로 갔어요
뼛섬은 썩어 꽃죽 널리도록.

남햇가,
두고 온 마을에선
언제인가, 눈먼 식구들이
굶고 있다고 담배를 말으며
당신은 쓸쓸히 웃었지요.

지까다비 속에 든 누군가의
발목을
과수원 모래밭에선 보고 왔어요.

꽃살이 튀는 산허리를 무너
온종일
탄환을 퍼부었지요.

길가엔 진달래 몇 뿌리
꽃 펴 있고,
바위 그늘 밑엔
얼굴 고운 사람 하나
서늘히 잠들어 있었어요.

꽃다운 산골 비행기가
지나다
기관포 쏟아놓고 가버리더군요.

기다림에 지친 사람들은
산으로 갔어요.
그리움은 회올려
하늘에 불붙도록
뼛섬은 썩어
꽃죽 널리도록.

바람 따신 그 옛날
후고구렷적 장수들이
의형제를 묻던
거기가 바로
그 바위라 하더군요.

잔디밭엔 담뱃갑 버려 던진 채
당신은 피
흘리고 있었어요.

<朝鮮日報・1959년 3월 24일>

香   아

항아 너의 고운 얼굴 조석으로 우물가에 비최이던 오래지 않은 옛날로 가자

수수럭거리는 수수밭 사이 걸찍스런 웃음들 들려나 오며 호미와 바구니를 든 환한 얼굴 그림처럼 나타나던 석양……

구슬처럼 흘러가는 냇물가 맨발을 담그고 늘어 앉아 빨래들을 두드리던 전설 같은 풍속으로 돌아가자

눈동자를 보아라 향아 회올리는 무지개빛 허울의 눈부심에 넋 빼앗기지 말고

철 따라 푸짐히 두레를 먹던 정자나무 마을로 돌아가자 미끈덩한 기생충의 생리와 허식에 인이 박히기 전으로 눈빛 아침처럼 빛나던 우리들의 고향 병들지 않은 젊음으로 찾아가자꾸나

향아 허물어질까 두렵노라 얼굴 생김새 맞지 않는
발돋움의 흉낼랑 그만 내자

들국화처럼 소박한 목숨을 가꾸기 위하여 맨발을 벗
고 콩바심하던 차라리 그 미개지에로 가자 달이 뜨는
명절밤 비단치마를 나부끼며 떼지어 춤추던 전설 같은
풍속으로 돌아가자 냇물 굽이치는 싱싱한 마음밭으로
돌아가자.

<朝鮮日報·1959년 11월 9일>

싱싱한 瞳子를 위하여

도시에 밤은 나리고
벌판과 마을에
피어나는 꽃불

1960년대의 의지 앞에 눈은 나리고
인적없는 土幕
강이 흐른다.

맨발로 디디고
대지에 나서라
하품과 질식 탐욕과 횡포

비둘기는 동해 높이 은가루 흩고
고요한 새벽 구릉 이룬 처녀지에
쟁기를 차비하라

문명 높은 어둠 위에 눈은 나리고

쫓기는 짐승
매어달린 세대

얼음 뚫고 새 흙 깊이 씨 묻어두자
새봄 오면 강산마다 피어날
칠흑 싱싱한 눈동자를 위하여.

<교육평론・1960년 1월호 권두시>

風　　景

쉬고 있을 것이다.

아시아와 유우럽
이곳 저곳에서
탱크 부대는 지금
쉬고 있을 것이다.

일요일 아침, 화창한
도오꾜 교외 논둑길을
한국 하늘, 어제 날아간
이국 병사는
걷고.

히말라야 산록
토막 가 서성거리는 초병은
흙묻은 생고구말 벗겨 넘기면서
하루삔 땅 두고 온 눈동자를

회상코 있을 것이다.

순이가 빨아준 와이샤쓰를 입고
어제 의정부 떠난 백인 병사는
오늘밤, 死海 가의
이스라엘 선술집서,
주인집 가난한 처녀에게
팁을 주고.

아시아와 유우럽
이곳 저곳에서
탱크 부대는 지금
밥을 짓고 있을 것이다.

해바라기 핀,
지중해 바닷가의
촌 아가씨 마을엔,

온종일, 상륙용 보오트가
나자빠져 뒹굴고.

흰구름, 하늘
제트 수송편대가
해협을 건너면,
빨래 널린 마을
맨발 벗은 아해들은
쏟아져나와 구경을 하고.

동방으로 가는
부우연 수송로 가엔,
깡통주막집이 문을 열고
대낮, 말 같은 촌색시들을
팔고 있을 것이다.

어제도 오늘,

동방대륙에서
서방대륙에로
산과 사막을 뚫어
굵은 송유관은
달리고 있다.

노오란 무우꽃 핀
지리산 마을.
무너진 헛간엔
할멈이 쓰러져 조을고

평야의 가슴 너머로.
고원의 하늘 바다로.
원생의 유전지대로.
모여 간 탱크 부대는
지금, 궁리하며

고비사막,

빠알간 꽃 핀 흑인촌.

해 저문 순이네 대륙

부우연 수송로 가엔,

예나 이제나

가난한 촌 아가씨들이

빨래하며,

아심아심 살고

있을 것이다.

<현대文學·1960년 2월호>

正本 文化史大系

오랜 빙하기의 얼음장을 뚫고 연연히 목숨 이어 그
거룩한 씨를 몸지녀 오느라고 뱀은 도사리는 긴 짐승
냉혈이 좋아져야 했던 것이다.

몇만년 날이 풀리고, 흙을 구경한 파충들은 구석진
한지에서 풀려나온 털 가진 짐승들을 발견하고 쪽쪽이
역량을 다하여 취식하며 취식당했다.

어느 날, 흙굴 속서 털사람이 털곰과 털숲 업쓸고
있을 때, 그 넘편 골짜기 양지밭에선 긴긴 물건이 암
사람의 알몸에 붙어 있었다.

얼음땅, 異血 다스운 피를 맛본 냉혈은 다음날도 또
다음 꽃 나절도 암사람의 몸에 감겨 애무 흡혈하고 있
었으나 천하, 慾을 이루 끝 새키지 못한 숫뱀은 마침
내 요독을 악으로 다하여 앙! 앙! 그 예쁜 알몸을
물어 죽여버리고야 말았다.

암살진 피부는 대대손손 지상에 살아 징글맞게 미끈덩한 눈물겨운 그 압축의 황홀을. 내밀히 기어오르게 하려 하여도 냉혈 그는 능청맞은 몸짓으로 천연 미끄러 빠져 달아나버리는 것이었다.

오랜 세상, 그리하여 뱀과 사람과의 꽃다운 이야기는 인간 사는 사회 어델 가나 끊일 줄 몰라 하더니, 오늘도 암살과 숫살은 원인 모를 열에 떠 거리와 공원으로 기어나갔다가 뱀 한 마리씩을 짓니까려 뭉개고야 숨들이 가빠 돌아왔다.

내 마음 미치게 불질러놓고 슬슬 빠져나간 배반자야. 내 암살 꼬여내어 징그런 짓 배워준 소름칠 이것아. 소름칠 이눔아.

이들 짐승의 이야기에 귀기울일 인정은 오늘 없어

도, 내일날 그들의 慾情場에 능구리는 또아리 틀어 그
몸짓과 의상은 꽃구리를 닮아갈지이니.

 이는 다만 또 다음 빙하기를 남몰래 예약해둔 뱀과
사람과의 아름다운 인연을 뜻함일지니라.

<世界・1960년 6월호>

阿 斯 女

모질게도 높은 성돌
모질게도 악랄한 채찍
모질게도 음흉한 술책으로
죄없는 월급쟁이
가난한 백성
평화한 마음을 뒤보채어쌓더니

산에서 바다
읍에서 읍
학원에서 도시, 도시 너머 궁궐 아래.
봄따라 왁자히 피어나는
꽃보래
돌팔매,

젊은 가슴
물결에 헐려
잔재주 부려쌓던 해늙은 아귀들은

그혀 도망쳐 갔구나.

―― 애인의 가슴을 뚫었지?
  아니면 조국의 기폭을 쏘았나?
  그것도 아니라면, 너의 아들의 학교 가는 눈동
자 속에 총알을 박아보았나? ――

죽지 않고 살아 있었구나
우리들의 피는 대지와 함께 숨쉬고
우리들의 눈동자는 강물과 함께 빛나 있었구나.

사월 십구일, 그것은 우리들의 조상이 우랄고원에서
풀을 뜯으며 양달진 동남아 하늘 고흔 반도에 이주 오
던 그날부터 삼한으로 백제로 고려로 흐르던 강물, 아
름다운 치맛자락 매듭 고흔 흰 허리들의 줄기가 3·1
의 하늘로 솟았다가 또 다시 오늘 우리들의 눈앞에 솟
구쳐오른 아사달 아사녀의 몸부림, 빛나는 앙가슴과

물굽이의 찬란한 반항이었다.

물러가라, 그렇게
쥐구멍을 찾으며
검불처럼 흩어져 역사의 하수구 진창 속으로
흘러가버리렴아, 너는.
오욕된 권세 저주받을 이름 함께.

어느 누가 막을 것인가
태백줄기 고을고을마다 봄이 오면 피어나는
진달래, 개나리, 복사

알제리아 흑인촌에서
카스피해 바닷가의 촌아가씨 마을에서
아침 맑은 나라 거리와 거리
광화문 앞마당, 효자동 종점에서
노도처럼 일어난 이 새피 뿜는 불기둥의

항거……
충천하는 자유에의 의지……

길어도 길어도 다함없는 샘물처럼
정의와 울분의 행렬은
억겁을 두고 젊음 쳐 뒤를 이을지어니

온갖 영광은 햇빛과 함께,
소리치다 쓰러져간 어린 전사의
아름다운 손등 위에 퍼부어지어라.

<학생혁명시집·1960년 7월>

그 가을

날씨는 머리칼 날리고
바람은 불었네
냇둑 戰地에.

알밤이 익듯
여울물 여물어
담배 연긴 들길에
떠 가도.

걷고도 싶었네
청 하늘 높아가듯
가슴은 터져
들 건너 물마을.

바람은 머리칼 날리고
추석은 보였네
호박국 전지에.

뻐스는 오가도
콩밭머리,
내리는 애인은 없었네.

그날은 빛났네
휘파람 함께
수수밭 울어도
체부 안 오는 마을에.

노래는 떠 갔네, 깊은 들길
하늘가 사라졌네, 울픈 얼굴
하늘가 사라졌네
스무살 전지에.

<朝鮮日報·1960년 10월 17일>

내 고향은 아니었었네

내 고향은 아니었었네
허구헌 홍시감이 익어나갈 때
빠알간 가랑잎은 날리어 오고.

발부리 닳게 손자욱 부릍도록
등짐으로 넘나들던
저기
저 하늘가.

울고는 아니
허리끈은 졸라도
뒤밀럭,
뒤밀럭
목메인 자갈길에.

내 고향은 아니었었네
그 언젠가

먼산바리 소녀 떡목판 이고 섰던
영 너머 그 멀린 소문 들은 안개 도시.

── 눈물론 아니
　　뱃가죽은 졸라도

　　열차 창
　　꽃 언덕
　　목메인 면회길에 ──

내 고향은 아니었었네
허구헌 아들딸이 불리어 나갈 때
빠알간 가랑잎은 날리어 오고.

발부리 닳게 손자욱 피맺도록
조상들 넘나들던
저기
저 하늘가.　　　　<藥業新聞·1961년 10월>

阿斯女의 울리는 祝鼓

1

줄줄이 살뼈도 흘러나려 내를 이루고 원한은 물레밭을 이랑 이뤄 만사꽃을 피웠다.

칠월의 태양과 은나래 젓는 하늘 속으로 진주배기 치마폭 화사히 흩어져가고 더위에 찌는 황토벌, 전쟁을 불지르고 간 원생림에 한가닥 노래 길이 열려 한가한 마차처럼 대륙이 기어오고 있었다.

오월의 숲속과 뻐꾸기 목메인 보리꺼럭 전설밭으로.
가슴 뫼로 허리 논으로 마음 벌판으로 장마철 비바람은 흘러나리고.
산골 물소리 만세소리 폭폭이 두 가슴 쥐어뜯으며 달팽이 장장마다 호미 세 자루 조밥 한줌 흘려보낸 철도연변 원분은 천만리 멀었다.

구름이 가고 새봄이 와도 허기진 평야, 낙지뿌리 와
닿은 선친들의 움집뜰에 왕조 적 투가리떼는 쏟아져
강을 이루고, 바다 밑 용트림 휘올라 어제 우리들의
역사밭을 얼음꽃 피운 억천만 돌창떼 뿌리 세워 하늘
로 반란한다.

2

유월의 하늘로 올라보아라
푸른 가슴 턱 차도록 머리칼 날리며 늘메기 꿀 익는
유월의 산으로 올라보아라.

유월의 하늘로 올라보아라
벗겨진 산골짝마다 산 열매 익고
개울 앞마다 머리 반짝이는 빛나는 탄피의 산.
포푸라 늘어진 등성이마다
도마뱀 산동리 끝

유월의 하늘로 올라보아라.

바위를 굴려보아라. 십삼도 강산 가는 곳마다 매미 우는 마을. 무너진 토방 멀리 도시로 가는 반질 달은 나무뿌리 흰 신작로를 달리어보아라.

바위를 굴려보아라. 고초장 땀 흘리던 순이네 북간도. 자운영 독사풀 뜯어 헛간집 이어온 三伏, 부대끼며 군침 씰룩이던 황소 혓바닥처럼 검은 진주쌀 핏대 올린 연산군의 자유 많은 연설 소리를 들어보아라.

유월의 동산으로 올라보아라.

콩밭마다 뒹굴던 향기 진한 대가리.

팔월이 오면 점심 마당 농주통,

구슬 뿌리며 역사마다 구멍 뚫려 쏟아져간 아름다운 얼굴, 북부여 佳人들의 장삼자락 맨 몸을 생각하여 보아라.

유월의 하늘로 올라보아라.

황진이 마당가 살구나무 무르익은 고려땅, 놋거울 속을 아침 저녁 드나들었을 눈매 고흔 백제 미인들의.

지금도 비행기를 바라보며 하늘로 가는 길가엔 고개마다 괴나리봇짐 쇠바퀴 밑으로 쏟아져간 흰 젖가슴의 물결치는 아우성 소리를 들어보아라.

3

목메어 휘졌던 울창한 숲은 비 젖은 빛나는 구름밭에 휘저오르고.

멍석딸기 무덤을 나와 찔레덤풀로 기어들은 渤海는 바위에서 성긴 숲으로 숲에서 다시 불붙는 태고적 산불로 어울려 목숨과 팔뚝의 불붙는 천지로 타오른 그날 임진난리의 우렁찬 외침을 귀기울여보아라.

침을 삼키며 싱싱한 하늘로 올라보아라.

이랑진 빨래터 강마을마다 매듭 고흔 손으로 묻어진

어여쁜 지뢰의 얼굴, 신무기의 오손도손한 살림살이를
구경하여보려무나.

유월의 동산으로 올라보아라.
밀짚모자 깃을 추켜 이마 훔치던 경부선 가로수 총
메인 소녀.
참쑥 뭉쳐 꿀꺽이며 압록강으로 제주도로 바다로 골
짜기로 반만년 쫓기던 민텅구리 죄없는 백성들의 터진
맨발을 생각하여보아라.

귀밑머리 날리며 이월의 동산에 올라 미소짓던
사람아. 다사로워라. 우리들의 전답만은 상처 없
이 누워 있었구나.

하여 목 마치게 바위뿌리 나무등걸 쥐어뜯으며 뱃바
닥 얼굴 가슴 닳도록 영웅스레 기어오른 산마루턱 턱
마다 가슴턱 차도록 트인 동해,

구름 속 꿈틀거리는 의지 굳은 봉우리마다 아우성
섞인 억천만.

억만년 여름날의 뻣죽 지글거린 하늘 끝 억심을 구
가하여보아라.

<自由文學·1961년 11월호>

이 곳 은

삼백예순날 날개 돋친 폭탄은 태양 중가운데
쏟아졌지만, 허탕치고 깃발은 돌아갔다.
승리는 아무데고 없다.

후두둑 대지를 두드리는 여우비.
한 무더기의 사람들은 냇가로 몰려갔다.
그들 떠난 자리엔 펄펄펄 심장이 흘리워 뛰솟고.

독은 비어 있다.
다투어 배 밖으로 쏟아져나간 콩나물 역사.
아침 햇살 속 오간 수만 화살. 날아간 물체들의
흐느낌은 정한 문, 지평의 밖이었다.

그곳엔 무덤이 있다.

바닷가선 비문은 구름 용을 싣고 찬란하게
쩌들어오리니

급기야 홍수는 오고,

구렁이, 모자, 톱니 쓸린 공장 헤엄쳐 나가면

弔喪도 없이 옛 마을터엔 휭휭 오갈 헛바람.

쓸쓸하여도 이곳은 점령하라. 바위 그늘 밑, 맨마음
채

여문 코스모스씨 한 톨. 억만년 퍼붓는 허공밭에서

턱 가래 안창엔 심그라.

사람은 비어 있다.

대지는

한가한

빈집을 지키고 있다.

<현대文學 · 1962년 8월호>

별 밭 에

바람이 불어요
눈보라 치어요 강 건너선.

우리들의 마을
지금 한창
꽃다운 합창연습 숨 높아가고 있는데요.

바람이 불어요.
안개가 흘러요 우리의 발밑.

양달진 마당에선
지금 한창 새날의 신화 화창히
무르익어가고 있는데요.

노래가 흘러요
입술이 빛나요 우리의 강기슭.

별밭에선 지금 한창

영겁으로 문 열린 치렁 사랑이

빛나는 등불마냥

오손도손 이야기되며 있는데요.

<星苑·1962년 제 3 집>

아 니 오

아니오
미워한 적 없어요,
산마루
투명한 햇빛 쏟아지는데
차마 어둔 생각 했을 리야.

아니오
괴뤄한 적 없어요,
능선 위
바람 같은 음악 흘러가는데
뉘라, 색동 눈물 밖으로 쏟았을 리야.

아니오
사랑한 적 없어요,
세계의
지붕 혼자 바람 마시며
차마, 옷 입은 도시계집 사랑했을 리야.

<詩集 阿斯女・1963년>

66

빛나는 눈동자

너의 눈은
밤 깊은 얼굴 앞에
빛나고 있었다.

그 빛나는 눈을
나는 아직
잊을 수가 없다.

검은 바람은
앞서 간 사람들의
쓸쓸한 혼을
갈가리 찢어
꽃풀무 치어 오고

파도는,
너의 얼굴 위에
너의 어깨 위에 그리고 너의 가슴 위에

마냥 쏟아지고 있었다.

너는 말이 없고,
귀가 없고, 봄(視)도 없이
다만 억천만 쏟아지는 폭동을 헤치며

고고히
눈을 뜨고
걸어가고 있었다.

그 빛나는 눈을
나는 아직
잊을 수가 없다.

그 어두운 밤
너의 눈은
세기의 대합실 속서

빛나고 있었다.

빌딩마다 폭우가
몰아쳐 덜컹거리고
너를 알아보는 사람은
당세에 하나도 없었다.

그 아름다운,
빛나는 눈을
나는 아직 잊을 수가 없다.

조용한,
아무것도 말하지 않는,
다만 사랑하는
생각하는, 그 눈은
그 밤의 주검 거리를
걸어가고 있었다.

너의 빛나는
그 눈이 말하는 것은
子時다, 새벽이다, 승천이다.

어제
발버둥하는
수천 수백만의 아우성을 싣고
강물은
슬프게도 흘러갔고야.

세상에 항거함이 없이,
오히려 세상이
너의 위엄 앞에 항거하려 하도록
빛나는 눈동자.
너의 세상을 밟아 디디며
포도알 씹듯 세상을 씹으며

뚜벅뚜벅 혼자서
걸어가고 있었다.

그 아름다운 눈.
너의 그 눈을 볼 수 있은 건
세상에 나온 나의, 오직 하나
지상의 보람이었다.

그 눈은
나의 생과 함께
내 열매 속에 살아 남았다.

그런 빛을 가지기 위하여
인류는 헤매인 것이다.

정신은
빛나고 있었다.

몸은 야위었어도
다만 정신은 빛나고 있었다.

눈물겨운 역사마다 삼켜 견디고
언젠가 또 다시
물결 속 잠기게 될 것을
빤히, 자각하고 있는 사람의.

세속된 표정을
개운히 떨어버린,
승화된 높은 의지 가운데
빛나고 있는, 눈

산정을 걸어가고 있는 사람의,
정신의 눈
깊게. 높게.
땅속서 스며나오듯한

말없는 그 눈빛.

이승을 담아버린
그리고 이승을 뚫어버린
오, 인간정신 미의
지고한 빛.

<詩集 阿斯女・1963년>

눈 날리는 날

지금은
어디 갔을까.

눈은 날리고
아흔아홉 굽이 넘어
바람은 부는데
상여집 양달 아래
콧물 흘리며
국수 팔던 할멈.

그 논길을 타고
한 달을 가면, 지금도
일곱의 우는 딸들
걸레에 싸안고
대한의 문 앞에 서서 있을
바람 소리여

하늘은 광란……
까치도 쉬어 넘던
동해 마루턱
보이는 건 눈에 묻은 나,
나와 빠알간 까치밥.

아랫도리 걷어올린
바람아,
머릿다발 이겨 붙여 산막 뒤켠
다숩던
얼음꽃
입술의 맛이여.

눈은 날리고
아흔아홉 굽이 넘어
恨,
한은 쫓기는데

상여집 양달 아래

트렁크 끌르며

쉐탈 갈아입던 여인……

<詩集 阿斯女·1963년>

山에 언덕에

그리운 그의 얼굴 다시 찾을 수 없어도
화사한 그의 꽃
산에 언덕에 피어날지어이.

그리운 그의 노래 다시 들을 수 없어도
맑은 그 숨결
들에 숲속에 살아갈지어이.

쓸쓸한 마음으로 들길 더듬는 행인아.

눈길 비었거든 바람 담을지네.
바람 비었거든 인정 담을지네.

그리운 그의 모습 다시 찾을 수 없어도
울고 간 그의 영혼
들에 언덕에 피어날지어이.

<詩集 阿斯女·1963년>

원 추 리

톡 톡
두드려보았다.

숲속에서
자라난 꽃대가리.

맑은 아침
오래도
마셨으리.

비단 자락 밑에
살 냄새야,

톡 톡
두드리면
먼 상고까장 울린다.

춤추던 사람이여
토장국 냄새.

이슬 먹은 세월이여
보리타작 소리.

톡 톡
두드려보았다.

삼한 적
맑은 대가리.

산 가시내
사랑, 다
보았으리.

<詩集 阿斯女·1963년>
*原題는 「꽃대가리」임

機 械 야

아스란 말일세. 평화한 남의 무덤을 파면 어떡해. 전원으로 가게, 전원 모자라면 저 숱한 산맥 파내리게나.

고요로운 바다 나비도 날으잖는 봄날 노오란 공동묘지에 소시랑 곤두세우고 占領旗 디밀어오면 고요로운 바다 나비도 날으잖는 꽃살 이부자리가 예의가 되겠는가 말일세.

아스란 말일세. 잠자는 남의 등어릴 파면 어떡해. 논밭으로 가게 논밭 모자라면 저 숱한 산맥, 태백 티벳 파밀고원으로 기어오르게나. 하늘 천만개의 삽으로 퍽퍽 파헤쳐보란 말일세.

아스란 말일세. 흰 젖가슴의 물결치는 거리, 소시랑 씨근대고 다니면, 불쌍한 기계야 경치가 되겠는가 말일세.

간밤 평화한 나의 조국에 기어들어와 사보뎅 심거놓고 간 자 나의 어깨 위에서 사보뎅 뽑아가란 말일세.

정배기에 소나무 꽂으고 행진하는 자 그대는 埈地인가?
새파란 나이야 풀씨 물고 숫제 초원으로 달아나버리게.

그러기 아스란 말이시네. 경치가 아니시네. 엉덩이에 기념탑 심거지면 기껏, 그거냔 말일세.
무너져버리게. 어제까지의 땅 삽으로 질러 바닷속 무너 느버리고 숫제 바다로 쏟아져버리게.

고요로운 바다 나비도 날으잖는 봄날 공동묘지에 소시랑 곤두세우고 점령기 디밀어오면
다시는 그런 버르장머리, 다시는 분즐어놓고 말겠단 말일세.　　　　　<詩壇·1963년>

힘이 있거든 그리로 가세요

　그렇지요, 좁기 때문이에요. 높아만 지세요, 온 누리 보일 거예요. 잡답 속 있으면 보이는 건 그것뿐이에요. 하늘 푸르러도 넌출 뿌리 속 헤어나기란 두 눈 먼 개미처럼 어려운 일일 거예요.

　보세요. 이마끼리 맞부딪다 죽어가는 거야요. 여름 날 홍수 쓸려 죄없는 백성들은 발버둥쳐 갔어요. 높아만 보세요, 온 역사 보일 거예요. 이 빠진 고목 몇 그루 거미집 쳐 있을 거구요.

　하면 당신 살던 고장은 지저분한 잡초밭, 아랫도리 붙어 살던 쓸쓸한 그늘밭이었음을 눈뜰 거예요.

　그렇지요, 좀만 더 높아보세요. 쏟아지는 햇빛 검 깊은 하늘밭 부딪칠 거예요. 하면 영 너머 들길 보세요. 전혀 잊혀진 그쪽 황무지에서 노래치며 돋아나고 있을 싹수 좋은 둥구나무 새끼들을 발견할 거예요. 힘이 있거든 그리로 가세요. 늦지 않아요. 이슬 열린 아직 새 벽 벌판이에요.　〈서울日日新聞·1961년 4월 11일〉

眞伊의 體溫

싸락눈이 날리다 멎은 일요일.
북한산성길 돌 틈에 피어난
들국화 한 송일 구경하고 오다가,

샘터에서 살얼음을 쪼개고 물을 마시는데
눈동자가, 그 깊고 먼 눈동자가,
이 찬 겨울 천지 사이에서 나를 들여다보고 있더라.

또 어느 날이었던가. 광화문 네거리를 거닐다 친구
를 만나 손목을 잡으니 자네 손이 왜 이리 찬가 묻기,
빌딩만 높아가고 물가만 높아가고 하니 아마 그런가베
했더니 지나가던 낯선 여인이 여우 목도리 속에서 웃
더라.

나에게도 고향은 있었던가. 은실 금실 휘황한 명동
이 아니어도, 동지만 지나면 해도 노루꼬리만큼씩은
길어진다는데 금강 연안 양지쪽 흙마루에서 새순 돋

은 무우를 다듬고 계실 눈 어둔 어머님을 위해 이 세
모엔 무엇을 마련해보아야 한단 말일까.

문경 새재 산막 곁에 흰떡 구워 팔던 그 유난히 눈
이 맑던 피난소녀도 지금쯤은 누구 그늘에선가 지쳐
있을 것.
꿀꿀이죽을 안고 나오다 총에 쓰러진 소년, 그 소년
의 염원이 멎어 있는 그 철조망 동산에도 오늘 해는
또 얼마나 다숩게 그 옛날 목화단 말리던 아낙네 입술
들을 속삭여 빛나고 있을 것인가.

어디메선가 세모의 아침이 열리고 있을 것이다.
화담 선생의 겨울을 그리워 열두폭 치마 아무려 여
미던 진이의 체온으로, 그 낭만들이 뿌려진 판문점 근
처에도
아직 경의선은 소생되지 못했지만
서서히 서리아침이 열리고 있을 것이다.

조용히 한강 기슭이라도 산책하련다. 이 세모에 어느 날이었던가. 비밀의 연인끼리 인천바다 언덕 잔디밭에 불을 질러놓고 오바깃 세워 팔짱 끼던 그 말없던 표정들처럼.

나도 먼 벌판을 조용히 산책이나 하며 김 서린 한 해 상처들이나 생각해보아야지……

<東亞日報 · 1964년 12월 19일>

발

백화점 층계를
비 뿌리는 오후, 내려오던 다리.

스카아트 속을
한가한 미풍은 왕래하고 있었지만
깜정 힐 위 중력을 주면서
가벼운 오뇌 속삭이고 있었다.

언제부터 시작되어
너희들의, 걸음은
어데까지 가고 있는 걸까.

회끗회끗 눈발 날릴 때
중학교 원서 접수시키러 구멍가게 골목
종종치던 종아리.

송화강 끝에서도 왔다

구름 같은 흙먼지,
아세아 대륙 누우런 벌판을
군화 묶고 행진하던 발과 다리,
지금은 어데 갔을까.

꽃 피는 남국
부드러운 모래밭 해안에 배가 닿으면
부지런히 신무기를 싣고 뛰어내리던
이유없는 발톱.

보리밭을 밟고 있었다,
물방아 위에도 있었다,
해수욕장에선
그 싱싱한 허벅다리 사이로
태양이 지고.

깎아놓은 유리창 위 비는 내리고

넘치는 가슴덩이
찰떡같이 몸부림은 흐느낄 때,
노래하고 싶었다.
뱀같이, 열반같이, 경련하다 급기야
나른하게 죽어 뻗던 그 흰 다리.

다리,
너를 보면
빛나는 여름
우뢰소리 들으며 산맥을 넘던
낭만,

나리꽃 동산에 전쟁은 가고
채소밭 가운데 섰던
국적 모를, 두 개의 무릎뼈에도
눈은 없었다.

어머니를 불렀지.
집행장 문앞
엉버티었지, 안 가겠다고
있는 힘 다하여 안간힘하며
마지막 땀 흘리던
연약한 다리여.

밀회도 실어 날랐지,
착취로 기름진 아랫배,
음모로 반짝이던 골통들도 실어 날랐지,
그리고 눈은 없어도
링 위에선 멋있게 그놈의 턱을 걸어찼다.

다들 남의 등 어깨 위로 올라갔지만
아직 너만은 땅을 버리지 못했구나
넌 우리네 조국
넌 하층구조

내 한을 실어오고 또 실어간다.

백악관 귀빈실 주단 위에도 있었어,
대영제국 궁전 금의자 아래에도 있었어,
종로 삼가 창녀 아랫목에도 있었지,
발바닥
코 없는 너를 보면
눈물이 날밖에.

강산은 좋은데
이쁜 다리들은 털난 딸라들이
다 자셔놔서 없다.

일어서야지,
양말 신은 발톱 흉물 떨고 와
논밭 위 세워논, 억지 있으면
비벼 꺼야지,

열번 부러져도 그 사랑
발은 다시 일으켜세우기 위하여 있는 것,
발은 인류에의 길
멎고 멎음을 증명하기 위하여 있는 것,
다리는, 절름거리며 보리수 언덕 그 미소를 찾아가
려 나왔다.

다시 전화는 가고
쓰러진 폐허
함박눈도 쏟아지는데
어데서 나왔을까, 너는 또
뚜벅뚜벅 걸어오고 있었다.

<현대文學·1966년 3월호>

三　月

오늘은 바람이 부는데,
하늘을 넘어가는 바람
더러움 역겨움 건드리고
내게로 불어만 오는데,

음악실 문 앞,
호주머니 뒤지며
멍멍 서 있으면

양주 쓰레기통 속
구두통 멘 채
콜탈칠이 걸어온다.

배는 고파서 연인 없는 봄.
문 닫은 사무실 앞
오원짜리 국수로 끼니 채우면
그래도 콧등은 간지러운

코리아.

제주로 갈거나
사월이 오기 전
갯벌로 갈거나, 가서
복쟁이 알이나
주워 먹어볼거나.

바람은 부는데,
꽃피던 역사의 살은
흘러갔는데,
폐촌을 남기고 기름을
빨아가는 고층은 높아만 가는데.

말없는 내 형제들은
광화문 창 밑, 고개 숙이고
지나만 가는데.

오원짜리 국수로 끼니 채우고
사직공원 벤취 위
하루 낮을 보내노라면
압록강 철교 같은 소리는
들려오는데.

바다를 넘어
오만은 점점 거칠어만 오는데
그 밑구멍에서 쏟아지는
찌꺼기로 코리아는 더러워만 가는데.

나만이 아닌데
쭉지 잽히고
餓死의 깊은 대사관 앞
걸어가는 행렬은
나만이 아닌데.

이젠
안심하고 디딜 한 평의 땅도
없는데
지붕마다
전략은 번식해만 가는데.

뻐스 정류장 앞
호주머니 뒤지며
멍멍 서 있으면

늘메미 울음 같은
아사녀의 봄은
말없이 고개 숙이고 지나만 가는데.

동학이여. 동학이여.
금강의 억울한 흐름 앞에

목 터진, 정신이여
때는 아직도 미처 못다 익었나본데.

소백으로 갈거나
사월이 오기 전,
야산으로 갈거나
그날이 오기 전, 가서
꽃창이나 깎아보며 살거나.

<現代文學·1965년 5월호>

담배 연기처럼

들길에 떠가는 담배 연기처럼
내 그리움은 흩어져 갔네.

사랑하고 싶은 사람들은
많이 있었지만
머릴 놓고
나는 바라보기만
했었네.

들길에 떠가는
담배 연기처럼
내 그리움은 흩어져 갔네.

위해주고 싶은 가족들은
많이 있었지만
어쩐 일인지?
멀리 놓고 생각만 하다

말았네.

아, 못 다한
이 안창에의 속상한
드레박질이여.

사랑해주고 싶은 사람들은
많이 있었지만
하늘은 너무 빨리
나를 손짓했네.

언제이던가
이 들길 지나갈 길손이여

그대의 소맷 속
향기로운 바람 드나들거든
아파 못 다한

어느 사내의 숨결이라고

가벼운 눈인사나,

보내다오.

<한글문학 · 1966년 겨울호>

껍데기는 가라

껍데기는 가라.
사월도 알맹이만 남고
껍데기는 가라.

껍데기는 가라.
동학년 곰나루의, 그 아우성만 살고
껍데기는 가라.

그리하여, 다시
껍데기는 가라.
이곳에선, 두 가슴과 그곳까지 내논
아사달 아사녀가
중립의 초례청 앞에 서서
부끄럼 빛내며
맞절할지니

껍데기는 가라.

한라에서 백두까지

향그러운 흙가슴만 남고

그, 모오든 쇠붙이는 가라.

<52人詩集・1967년>

窓가에서

창가에 서면 앞집 담 너머로 버들잎 푸르다. 뉘 집 굴뚝에선가 저녁 짓는 연기 퍼져오고, 이슬비는 온종일 도시 위 절름거리고 있다. 석간을 돌르는 소년은 지금쯤 어느 골목쟁이를 서둘고 있을까.

바람에 잘못 쫓긴 이슬방울 하나가 내 콧잔등에 와 앉는다. 부연 안개 너머로 남산 전등 불빛이 빛무리져 보인다. 무얼 보내신 이가 있을까. 그리고 무언 정말 땅으로만 가는 거일까. 정말 땅은 우리 모두의 열반일까.

창가에 서면 두부 한 모 사가지고 종종걸음치는 아낙의 치맛자락이 나의 먼 시간 속으로 묻힌다.

<自由公論・1967년 4월호>

그 사람에게

아름다운
하늘 밑
너도야 왔다 가는구나
쓸쓸한 세상 세월
너도야 왔다 가는구나.

다시는
못 만날지라도 먼 훗날
무덤 속 누워 추억하자,
호젓한 산골길서 마주친
그날, 우리 왜
인사도 없이
지나쳤던가, 하고.

<創作과批評·1968년 여름호>

鍾路五街

이슬비 오는 날.
종로 5가 서시오판 옆에서
낯선 소년이 나를 붙들고 동대문을 물었다.

밤 열한시 반,
통금에 쫓기는 군상 속에서 죄없이
크고 맑기만 한 그 소년의 눈동자와
내 도시락 보자기가 비에 젖고 있었다.

국민학교를 갓 나왔을까.
새로 사 신은 운동환 벗어 품고
그 소년의 등어리선 먼길 떠나온 고구마가
흙묻은 얼굴들을 맞부비며 저희끼리 비에 젖고 있었
다.

충청북도 보은 속리산, 아니면
전라남도 해남땅 어촌 말씨였을까.

나는 가로수 하나를 걷다 되돌아섰다.
그러나 노동자의 홍수 속에 묻혀 그 소년은 보이지
않았다.

그렇지.
눈녹이 바람이 부는 질척질척한 겨울날,
종묘 담을 끼고 돌다가 나는 보았어.
그의 누나였을까.
부은 한쪽 눈의 창녀가 양지쪽 기대 앉아
속내의 바람으로, 때묻은 긴 편지 읽고 있었지.

그리고 언젠가 보았어.
세종로 고층건물 공사장,
자갈지게 등짐하던 노동자 하나이
허리를 다쳐 쓰러져 있었지.
그 소년의 아버지였을까.
반도의 하늘 높이서 태양이 쏟아지고,

싸늘한 땀방울 뿜어낸 이마엔 세 줄기 강물.
대륙의 섬나라의
그리고 또 오늘 저 새로운 은행국의
물결이 뒹굴고 있었다.

남은 것은 없었다.
나날이 허물어져가는 그나마 토방 한 칸.
봄이면 쑥, 여름이면 나무뿌리, 가을이면 타작마당
을 휩쓰는 빈 바람.
변한 것은 없었다.
이조 오백년은 끝나지 않았다.

옛날 같으면 북간도라도 갔지.
기껏해야 뻐스길 삼백리 서울로 왔지.
고층건물 침대 속 누워 비료광고만 뿌리는 거머리
마을,
또 무슨 넉살 꾸미기 위해 짓는지도 모를 빌딩 공사장,

도시락 차고 왔지.

이슬비 오는 날,
낯선 소년이 나를 붙들고 동대문을 물었다.
그 소년의 죄없이 크고 맑기만 한 눈동자엔 밤이 내
리고
노동으로 지친 나의 가슴에선 도시락 보자기가
비에 젖고 있었다.

<東西春秋 · 1967년 6월호>

봄 은

봄은
남해에서도 북녘에서도
오지 않는다.

너그럽고
빛나는
봄의 그 눈짓은,
제주에서 두만까지
우리가 디딘
아름다운 논밭에서 움튼다.

겨울은,
바다와 대륙 밖에서
그 매운 눈보라 몰고 왔지만
이제 올
너그러운 봄은, 삼천리 마을마다
우리들 가슴 속에서

움트리라.

움터서,
강산을 덮은 그 미움의 쇠붙이들
눈녹이듯 흐물흐물
녹여버리겠지.

<한국일보·1968년 2월 4일>

달이 뜨거든

아사달 · 아사녀의 노래

< 아사녀 >

　달이 뜨거든 제 얼굴 보셔요

　꽃이 피거든 제 입술을 느끼셔요

　바람 불거든 제 속삭임 들으셔요

　냇물 맑거든 제 눈물 만지셔요

　높은 산 울창커든 제 앞가슴 생각하셔요..

< 아사달 >

　당신은 귀여운 나의 꽃송이

　당신은 드높은 내 영원의 꿈

　울다 돌아간 가여운 내 마음

　당신은 내 예술 만발케 사랑 준 영감의 근원.

< 2중창 >

　우리들은 헤어진 게 아녜요

　우리들은 나뉘인 게 아녜요

　우리들은 딴 세상 본 게 아녜요

　우리들은 한 우주 한 천지 한 바람 속에

　같은 시간 먹으며 영원을 살아요

잠시 눈 깜박 사이 모습은 다르지만

나중은 같은 공간 속에 살아요

꼭같은 노래 부르며

한가지 허무 속에 영원을 살아요.

<1968·오페레타 「석가탑」 제 5 경에>

水雲이 말하기를

수운이 말하기를,
슬기로운 가슴은 노래하리라.
맨발로 삼천리 누비며
감꽃 피는 마을
원추리 피는 산길
맨주먹 맨발로
밀알을 심으리라.

수운이 말하기를
하눌님은 콩밭과 가난
땀흘리는 사색 속에 자라리라.
바다에서 조개 따는 소녀
비 개인 오후 미도파 앞 지나는
쓰레기 줍는 소년
아프리카 매 맞으며
노동하는 검둥이 아이,
오늘의 논밭 속에 심궈진

그대들의 눈동자여, 높고 높은
하눌님이어라.

수운이 말하기를
강아지를 하눌님으로 섬기는 자는
개에 의해
은행을 하눌님으로 섬기는 자는
은행에 의해
미움을 하눌님으로 섬기는 자는
미움에 의해 멸망하리니,
총 쥔 자를 불쌍히 여기는 자는
그, 사랑에 의해 구원 받으리라.

수운이 말하기를
한반도에 와 있는 쇠붙이는
한반도의 쇠붙이가 아니어라
한반도에 와 있는 미움은

한반도의 미움이 아니어라

한반도에 와 있는 가시줄은

한반도의 가시줄이 아니어라.

수운이 말하기를,

한반도에서는

세계의 밀알이 썩었느니라.

<東亞日報 · 1968년 6월 27일>

山에도 噴水를

산에도 들에도 분수를.
농촌에도 도시에도 분수를.

태양 쏟아지는 반도의 하늘, 사시사철 시원한
의지, 무지개 돋게.
산에도 들에도 분수를.
목장지대 우거지고 남북평야 기름지게.
속 시원히 낡은 것 밀려가고 외세도 근접 못하게,
태백산 지맥 속서 솟는 지하수로 수억만 개의 분수
터났으면.

농어촌에도 김포공항에도 분수 치솟았으면.
침략도 착취도 발 못 붙이게.
반도를 가로지른 가시줄, 씻겨가버리게,

우리의 머리마다 속 시원한 분수.

<新東亞・1966년 11월호>

술을 많이 마시고 잔 어젯밤은

술을 많이 마시고 잔
어젯밤은
자다가 재미난 꿈을 꾸었지.

나비를 타고
하늘을 날아가다가
발 아래 아시아의 반도
삼면에 흰 물거품 철썩이는
아름다운 반도를 보았지.

그 반도의 허리, 개성에서
금강산 이르는 중심부엔 폭 십리의
완충지대, 이른바 북쪽 권력도
남쪽 권력도 아니 미친다는
평화로운 논밭.

술을 많이 마시고 잔 어젯밤은

자다가 참
재미난 꿈을 꾸었어.

그 중립지대가
요술을 부리데.
너구리새끼 사람새끼 곰새끼 노루새끼들
발가벗고 뛰어노는 폭 십리의 중립지대가
점점 팽창되는데,
그 평화지대 양쪽에서
총부리 마주 겨누고 있던
탱크들이 일백팔십도 뒤로 돌데.

하더니, 눈 깜박할 사이
물방게처럼
한떼는 서귀포 밖
한떼는 두만강 밖
거기서 제각기 바깥 하늘 향해

총칼들 내던져 버리데.

꽃피는 반도는
남에서 북쪽 끝까지
완충지대,
그 모오든 쇠붙이는 말끔이 씻겨가고
사랑 뜨는 반도,
황금이삭 타작하는 순이네 마을 돌이네 마을마다
높이높이 중립의 분수는
나부끼데.

술을 많이 마시고 잔
어젯밤은 자면서 허망하게 우스운 꿈만 꾸었지.

<創作과批評 · 1968년 여름호>

여름 이야기

팔월의 하늘에는
구름도 없고
바람 부는 가로수,
피난가는 내 소녀는
영어를 알고
있었지.

나뭇게 그을며
절길 오른
바랑,
산골길 칠백리엔
이마 훔치던
원효선사.

원두막 밑에선 미국 간 아들
편질 읽으며 칠순 할아버지가
사관침 장죽에 쑥을 버무려 넣고

있었지.

패랭이 달린
황토 언덕
제트편대가
강을 울리면
배꼽 내논 아해들은
풀뿌리 씹으며
구경을 하고.

馬, 辰 사람네
조개무덤 쌓던
댕댕이넌출 고을엔
수평 멀리
함성소리만
불질려 오른다.

꽃신 놓인 토방
놋거울은 닳고,
콩밭 매는 뒤꼍
황진이 숲속선
땅 즐겁게
멍석딸기가
익고
있었다.

<創作과批評・1968년 여름호>

보 리 밭

건, 보리밭서
강의 물결 타고
거슬러 올라가던 꿈이었지.

아무도 모를 무섬이었지
우리네 숨가쁜 몸짓은.

사랑하던 사람들은
기를 꽂고 달아나버리었나,

뻐스 속선 검정구두 빛났고
우리 둘은 아무것도 가진 것이 없었지.

그건, 보리밭서
강의 물결을 타고 거슬러
올라가던 꿈이었지.

너의 눈동자엔
북부여 달빛
젖어 떨어지고,

조상적 사냥 다니던
태백줄기 옹달샘 물맛,
너의 입술 안에 담기어 있었지.

네 몸냥은 내 안에
보리밭과 함께
살아 움직이고,

맨몸째, 뙤약볕 아래
서해바다로 들어가던
넌 칡순 같은 짐승이었지.

<창作과批評·1968년 여름호>

여름 고개

산고개 가는 길에
개미는 집을 짓고
움막도 심심해라

풋보리 마을선
누더기 냄새
살구나무 마을선
시절 모를 졸음

산고개 가는 길엔
솔이라도 씹어야지
할멈이라도 반겨야지

<新東亞·1968년 8월호>

고　　향

하늘에
흰구름을 보고서
이 세상에 나온 것들의
고향을 생각했다.

즐겁고저
입술을 나누고
아름다웁고저
화장칠해 보이고,

우리,
돌아가야 할 고향은
딴 데 있었기 때문……

그렇지 않고서
이 세상이 이렇게
수선스럴
까닭이 없다.　　　<創作과批評·1968년 여름호>

散文詩 1

스칸디나비아라든가 뭐라구 하는 고장에서는 아름다
운 석양 대통령이라고 하는 직업을 가진 아저씨가 꽃
리본 단 딸아이의 손 이끌고 백화점 거리 칫솔 사러
나오신단다. 탄광 퇴근하는 광부들의 작업복 뒷주머니
마다엔 기름묻은 책 하이덱거 럿셀 헤밍웨이 장자 휴
가여행 떠나는 국무총리 서울역 삼등대합실 매표구 앞
을 뙤약볕 흡쓰며 줄지어 서 있을 때 그걸 본 서울역
장 기쁘시겠소라는 인사 한마디 남길 뿐 평화스러이
자기 사무실 문 열고 들어가더란다. 남해에서 북강까
지 넘실대는 물결 동해에서 서해까지 팔랑대는 꽃밭
땅에서 하늘로 치솟는 무지개빛 분수 이름은 잊었지만
뭐라군가 불리우는 그 중립국에선 하나에서 백까지가
다 대학 나온 농민들 추력을 두 대씩이나 가지고 대리
석 별장에서 산다지만 대통령 이름은 잘 몰라도 새이
름 꽃이름 지휘자이름 극작가이름은 훤하더란다 애당
초 어느 쪽 패거리에도 총 쏘는 야만엔 가담치 않기로
작정한 그 지성 그래서 어린이들은 사람 죽이는 시늉을 아

니하고도 아름다운 놀이 꽃동산처럼 풍요로운 나라,
억만금을 준대도 싫었다 자기네 포도밭은 사람 상처내
는 미사일기지도 땡크기지도 들어올 수 없소 끝끝내
사나이나라 배짱 지킨 국민들, 반도의 달밤 무너진 성
터 가의 입맞춤이며 푸짐한 타작소리 춤 사색뿐 하늘
로 가는 길가엔 황토빛 노을 물든 석양 대통령이라고
하는 직함을 가진 신사가 자전거 꽁무니에 막걸리병을
싣고 삼십리 시골길 시인의 집을 놀러 가더란다.

<月刊文學·1968년 11월 창간호>

제 2 부

유작 및 연대미상작

祖　　國

화창한
가을, 코스모스 아스팔트가에 몰려나와
눈먼 깃발 흔든 건
우리가 아니다
조국아, 우리는 여기 이렇게 금강 연변
무를 다듬고 있지 않은가.

신록 피는 오월
서부사람들의 은행 소리에 홀려
조국의 이름 들고 진주코걸이 얻으러 다닌 건
우리가 아니다
조국아, 우리는 여기 이렇게
꿋꿋한 설악처럼 하늘늘 보며 누워 있지 않은가.

무더운 여름
불쌍한 원주민에게 총 쏘러 간 건
우리가 아니다

조국아, 우리는 여기 이렇게
쓸쓸한 간이역 신문을 들추며
비통 삼키고 있지 않은가.

그 멀고 어두운 겨울날
이방인들이 대포 끌고 와
강산의 이마 금그어 놓았을 때도
그 벽 핑계삼아 딴 나라 차렸던 건
우리가 아니다
조국아, 우리는 꽃피는 남북평야에서
주림 참으며 말없이
밭을 갈고 있지 않은가.

조국아
한번도 우리는 우리의 심장
남의 발톱에 주어본 적
없었나니

슬기로운 심장이여,
물 속 흐르는 맑은 강물이여.
한번도 우리는 저 높은 탑 위 왕래하는
아우성소리에 휩쓸려본 적
없었나니.

껍질은,
껍질끼리 싸우다 저희끼리
춤추며 흘러간다.

비 오는 오후
뻐스 속서 마주쳤던
서러운 눈동자여, 우리들의 가슴 깊은 자리 흐르고
있는
맑은 강물, 조국이여.
돌 속의 하늘이여.

우리는 역사의 그늘

소리없이 뜨개질하며 그날을 기다리고 있나니.

조국아,

강산의 돌 속 쪼개고 흐르는 깊은 강물, 조국아.

우리는 임진강변에서도 기다리고 있나니, 말없이

총기로 더럽혀진 땅을 빨래질하며

샘물 같은 동방의 눈빛을 키우고 있나니.

<月刊文學·1969년 6월호>

누가 하늘을 보았다 하는가

누가 하늘을 보았다 하는가
누가 구름 한 송이 없이 맑은
하늘을 보았다 하는가.

네가 본 건, 먹구름
그걸 하늘로 알고
일생을 살아갔다.

네가 본 건, 지붕 덮은
쇠항아리,
그걸 하늘로 알고
일생을 살아갔다.

닦아라, 사람들아
네 마음속 구름
찢어라, 사람들아,
네 머리 덮은 쇠항아리.

아침 저녁
네 마음속 구름을 닦고
티없이 맑은 영원의 하늘
볼 수 있는 사람은
외경을
알리라

아침 저녁
네 머리 위 쇠항아릴 찢고
티없이 맑은 구원의 하늘
마실 수 있는 사람은

연민을
알리라
차마 삼가서
발걸음도 조심

마음 아모리며.

서럽게
아 엄숙한 세상을
서럽게
눈물 홀려

살아가리라
누가 하늘을 보았다 하는가,
누가 구름 한 자락 없이 맑은
하늘을 보았다 하는가.

<高大文化・1969년 5월>

마려운 사람들

마려운 사람들이 살고 있기 때문에
세상은 무서워 보이는 것이리

구름도 마려워서
저기 저 고개턱에 걸려 있나
고달픈 사람들이 살고 있기 때문에
세상은 고요한 전날 밤
역사도 마려워서
내 금 그어진 가슴 위에 종종걸음치나

구름을 쏟아라
역사의 하늘
벗겨져라

오줌을
미국땅 살 만큼의 돈만큼만
깔겨봤으면
너도 사랑스런 얼굴이   <思想界・1970년 4월호>

좋은 言語

외치지 마세요
바람만 재티처럼 날려가버려요.

조용히
될수록 당신의 자리를
아래로 낮추세요.

그리구 기다려보세요.
모여들 와도

하거든 바닥에서부터
가슴으로 머리로
속속들이 굽이돌아 적셔보세요.

허잘것없는 일로 지난날
언어들을 고되게
부려만 먹었군요.

때는 와요.
우리들이 조용히 눈으로만
이야기할 때

허지만
그때까진
좋은 언어로 이 세상을
채워야 해요.

<思想界・1970년 4월호>

봄의 消息

마을 사람들은 되나 안되나 쑥덕거렸다.
봄은 발병났다커니
봄은 위독하다커니

눈이 휘둥그래진 수소문에 의하면
봄은 머언 바닷가에 갓 상륙해서
동백꽃 산모퉁이에 잠시 쉬고 있는 중이라는 말도
있었다.

그렇지만 봄은 맞아 죽었다는 말도 있었다.
광증이 난 악한한테 몽둥이 맞고
선지피 흘리며 거꾸러지더라는……

마을 사람들은 되나 안되나 쑥덕거렸다.
봄은 자살했다커니
봄은 장사지내 버렸다커니

그렇지만 눈이 휘둥그래진 새 수소문에 의하면
봄은 뒷동산 바위 밑에, 마을 앞 개울
근처에, 그리고 누구네 집 울타리 밑에도,
몇날 밤 우리들 모르는 새에 이미 숨어 와서
몸 단장들을 하고 있는 중이라는
말도 있었다.

<創作과批評 · 1970년 봄호>

江

나는 나를 죽였다.

비 오는 날 새벽 솜바지 저고리를 입힌 채 나는

나의 학대받는 육신을 강가에로 내몰았다.

솜옷이 궂은비에 배어

가랑이 사이로 물이 흐르도록 육신은

비겁하게 항복을 하지 않았다.

물팡개치는 홍수 속으로 물귀신 같은

몸뚱어리를 몰아쳐 넣었다.

한 발짝 한 발짝 거대한 산맥 같은

휩쓸려 그제사 그대로 물넝울처럼 물결에

쓰러져버리더라 둥둥 떠내려가는 시체 물 속에

주먹 같은 빗발이 학살처럼

등어리를 까뭉갠다. 이제 통쾌하게

뉘우침은 사람을 죽였다.

그러나 너무 얌전하게 나는 나를 죽였다.

가느다란 모가지를 심줄만 남은 두 손으로

꽉 졸라맸더니 개구리처럼 삐걱! 소리를 내며

혀를 물어 내놓더라.

강물은 통쾌하게 사람을 죽였다.

<創作과批評·1970년 봄호>

蠻地의 音樂

꽃들의 추억 속 말발굽 소리가 요란스러면,
내일 고구려로 가는 석공의 주먹아귀
막걸리 투가리가 부숴질 것이다.

오월의 사람밭에 피먹젖은 앙가슴
갖가지 쏟아져 오면
우물가에 네 다리 던지던 소부리 가시내
진주알 속 사내의 털보다 가을이 고일 것이고

우리의 역사밭 핵 자랑의 아우성 깃발 올리면
피의 능선 상여집 산모롱이를 돌아들
엿장수의 가위 속에서 징글맞게 뱀이
동강날 것이다.

대낮처럼 조용한 꽃다운 마을
다시 가시줄 늘이고 가는 소리 보이면
나비들은 구태여 건넛마을 꽃핀 전설 속의

머리채로 사무치게 노래 불러 강산 채울 것이며.

햇빛 퍼붓는 목화밭, 서햇가의 무논에서
젖이 흐르는 주먹 팔 봄 포도밭에서
손 고운 흰 허리를 잃어버렸을 때
후삼국의 遺民은 역사를 건너뛸 것이다.

하여 세상 없는 새벽 길
꽃다운 불알 가리고 바위에 걸터앉아
베잠방이 속의 상쾌한 천만년을 자랑할 것이다.

<創作과批評 · 1970년 봄호>

*所夫里 : 백제 고도 부여의 옛 지명.

丹楓아 山川

즐거웁게 사람들은 웃고 있었지
네 마음은 열두 번 뒤집혔어도
즐거웁게 가을은 돌아오고 있었지

여보세요
신령님
말씀해주세요

산과 난 어느 쪽이
더 아름다울까요

그리고 그인
나와 인연이 있을까요

호들갑스레 단풍은 피어나고 있었지
네 마음은 열두 번 둔갑 떨었어도
단풍은 내 산천 물들여 울었지

보세요
상천 계신 한울님
만날 수 있을까요
옥으로 깎을
출렁일 가슴

보세요
새 배 타고
목성에나 가면
우린 이 지구사람 사랑할 수 있을까요

피 터지게 사람들은 웃고 있었지
한반도 대관령 주막집에서
입 가리고 그녀는 망설이고 있었지

<다리·1971년 10월호>

너 에 게

나 돌아가는 날
너는 와서 살아라

두고 가진 못할
차마 소중한 사람

나 돌아가는 날
너는 와서 살아라

묵은 순 터
새순 돋듯

허구많은 자연 중
너는 이 근처 와 살아라.

<創作과批評 · 1970년 봄호>

밤은 길지라도
우리 來日은 이길 것이다

말 없어도 우리는 알고 있다.
내 옆에는 네가 네 옆에는
또 다른 가슴들이
가슴 태우며
한 가지 염원으로
행진

말 없어도 우리는 알고 있다.
내 앞에는 사랑이 사랑 앞에는 죽음이
아우성 죽이며 億진 나날
넘어갔음을.

우리는 이길 것이다
구두 밟힌 목덜미
생풀 뜯은 어머니
어둔 날 눈 빼앗겼어도.

우리는 알고 있다.
오백년 한양
어리석은 자 떼 아직
몰려 있음을.

우리들 입은 다문다.
이 밤 함께 겪는
가난하고 서러운
안 죽을 젊은이.

눈은 포도 위
묘향산 기슭에도
속리산 동학골
열 사람 만 사람의 주먹팔은
묵묵히
한가지 염원으로
행진

고을마다 사랑방 찌개그릇 앞
우리들 두쪽 난 조국의 운명을 입술 깨물며

오늘은 그들의 소굴
밤은 길지라도
우리 내일은 이길 것이다.

불 바 다

줄줄이 살뼈는 흘러내려 강을 이루고
산과 바다는 마음밭을 이랑 이뤄 들꽃을 피웠다.
칠월의 태양과 은나래 젓는 하늘 속으로
진주알 향기 푸른 치마폭 찬란히 흩어져 가고
더위에 찌는 울창한 원생림
전쟁이 불지르고 간 황토배기 벌판에
한가닥 바람길이 열려 가느른 꽃뱀처럼
노래가 기어오르고 있었다.

오월의 숲속과 뻐꾸기 목메인 보리꺼럭 전설밭으로
황진이 마당가 살구나무 무르익은 고려땅 놋거울 속
에
아침 저녁 비쳐들었을 아름다운 신라 佳人들.
지금도 비행기를 바라보며
하늘로 가는 길가에
고개마다 나날이 봇짐 도시로 쏟아져 간
흰 젖가슴의 물결치는 아우성을 들어보아라.

해가 가고 새봄이 와도 허기진 평야
나무뿌리 와닿은 조상들의 주막 가에
줄줄이 태고적 투가리들이 쏟아져 오고
바다 밑에서 다시 용트림하여 휘올라
어제 우리들의 이랑밭에 들꽃 피운 망울들은
일제히 돌창을 세워 하늘을 반란한다.

새해 새 아침은

새해
새 아침은
산너머에서도
달력에서도 오지 않았다.

금가루 흩뿌리는
새 아침은
우리들의 대화
우리의 눈빛 속에서
열렸다.

보라
발밑에 널려진 골짜기
저 높은 억만개의 산봉우리마다
빛나는
눈부신 태양
새해엔

한반도 허리에서
철조망 지뢰들도
씻겨갔으면,

새해엔
아내랑 꼬마아이들 손 이끌고
나도 그 깊은 우주의 바다에 빠져
달나라나 한 바퀴
돌아와 봤으면,

허나
새해 새 아침은
산에서도 바다에서도
오지 않는다.

금가루 흩뿌리는
새 아침은 우리들의 안창

영원으로 가는 수도자의 눈빛 속에서
구슬짓는다.

<주간경향>

둥구나무

뿌리 늘인
나는 둥구나무.

남쪽 산 북쪽 고을
빨아들여서
좌정한
힘겨운 나는 둥구나무
다리 뻗은 밑으로
흰 길이 나고
동쪽 마을 서쪽 도시
등 갈린 轉地

바위고 무쇠고
투구고 증오고
빨아들여 한 솥밥
수액 만드는
나는 둥구나무

五月의 눈동자

지금 난 너를 보고 있지 않노라.

훈풍 나부끼던 머리칼

오월의 푸라타나스 가로 저 멀리

두고 온 보리밭 언덕을 생각하고 있는 것도 아니노라.

바람이 기어드는 가슴

나뭇잎 피는 산등성에 서서

술 익는 마당

두고 온 눈동자를 생각하고 있는 것도 아니노라.

남해바다 멀리

한번도 나의 울 안에

춤춰본 적 없는

푸른 빛 희열에 찬 생의 향기를

그윽한 새잎에 받들어

나는 지금 마셔주고 있노라,

온 마음밭으로 깊이깊이 들이마셔주고 있는 것이노라.

158

지금 난 너의 눈동자를 보고 있지 않노라.

지나온 하늘

초록정원에 뒹굴던

태양의 이야기에 귀기울이고 있는 것도 아니노라.

학창시절의 호밀밭 전쟁이 뭉개고 간 꽃잎의 촉촉한
밤하늘을 회상하고 있는 것도 아니노라.

훈풍에 날리던 머리칼

산정을 돌아 오르던

온 세계의 아름다웠던

천만 가지 머언 오월의 향기를

나의 피알 속에

상기 살아 있는 피 한 방울 감격 속에서

이렇게 새잎 타고 불어오는 바람 언덕에 서서

오늘도 내일도 그제도

머릿다발 날리며

마셔보고만 싶었었노라.

序　詩

아담한 산들 드뭇드뭇
맥을 끊지 않고 오간
서해안 들녘에 봄이 온다는 것
것은 생각만 해도, 그대로
가슴 울렁여오는 일이다.

봄이 가면 여름이 오고
여름이 오면 또 가을
가을이 가면 겨울을 맞아오고
겨울이 풀리면 다시 또
봄.

농사꾼의 아들로 태어나
말썽없는 꾀벽둥이로
고웁게 자라서
씨 뿌릴 때 씨 뿌리고
걷어딜 때 걷어딜 듯

어여쁜 아가씨와 짤랑짤랑
꽃가마나 타보고
환갑잔치엔 아들딸 큰절이나
받으면서 한평생 살다가
조용히 묻혀가도록 내버려나
주었던들

또, 가욋말일지나, 그러한 세월
복 많은 가인이 있어
봉접풍월을 노래하고
장미에 찔린 애타는 연심을 읊조리며
수사학이 어떠니 표현주의가 어떠니
한단들 나 역 모르는 분수대로
그 장단에 맞추어 어깨춤이라도
추었을 것이다.

그러나 나는 원자탄에 맞은 사람

태백줄기 고을고을마다
강남제비 돌아와 흙 물어 나르면
솟아오는 슬픔이란 묘지에 가 있는
누나의 생각일까……?

산이랑 들이랑 강이랑
이뤄 그 푸담한 젖을 키우는
울렁이는 내 산천인데
머지않아 나는 아주
죽이우러 가야만 할 사람이라는
것이라.

잘 있으라
해가 뜨나 해가 지나 구름이 끼던
두번 다시 상기하기 싫은
人種의 늦장마철이여

이러한 노래 나로 하여
처음이며 마즈막이게 하라
진창을 노래하여 그 진창과 함께
멸망해버려야 할 사람이
앞과 뒤를 헤쳐 세상에
꼭 하나뿐 필요했던 것이다.

그러면……
두고두고, 착한 인간의 후손들이여

이 자리에 가는 길
서낭당 돌을 던져

구데기.
그런 역사와 함께 멸망한 나의
무덤, 침 한번 더 뱉고
다시 보지 말아져라.

어느 少女의 手記

어데서 무엇이 나를 울게 하는 걸까
오늘도 내일도 나는 푸념없는 표박의 신세
색바람 불어오는 들길에나
낯 모르는 남의 집 처마 밑에서
몽당치마를 방석삼아 지쳐 쓰러질 때
비단 배가 고파서만이 아니라 나는 왜 울어야 하는
걸까.

밤이나 낮이나 나라를 위한다고 줄달음치던
우리 아범 내무서에 갇혀 학살당하시고,
한사코 조국을 침략자의 마수로부터 엄호해야 한다
고,
주리가 틀리는 기한 속에서도 절규하던 우리 오빠
빨갱이로 몰려 형무소 속에서 요사했어도

그래도, 내 가는 곳마다에서 나는 무엇을 보아야 하
는가

억조창생을 죽여서라도 모리와 권세에
환장이 된 아귀의 구데기와 구데기와
질탕한 향락을 구해서 헐레벌떡거리는
買肉의 豺狼의 떼를 볼 적에

허기진 오후. 어느 학교 운동장에서
옥사한 우리 오빠만큼씩 큰 머슴애들이
시종 방정맞게 웅뎅이를 흐느적거리면서
이 '빤찌'가 들어가면 턱아리가 떨어지고
또 이 '빤찌'가 들어가면 단숨에 기암해버린다고
칠피 단화를 야죽거리며 말하는 소리를 들을 적에

압록강 이남

폭격으로 쓰러진 집터에선
능구리가 원통히 울었다.

하늘 멀리서 제트기들이 번갯불처럼 지나다니고
어데선가 송장이 썩는다
낯익은 얼굴들이 무데기로 쓰러져
썩는 내음새가 국화 향기보다 진하다.

다 같이 압록강 이남에서 사는
조선 사람들이었다.
가는 곳마다
산골에서도 평야에서도
도시에서도, 마을은 모다 폐허로 화하고
젊은 아들딸들은 이편으로 저편으로
총들을 얼미고 없어져버리었다.

가다 가다 살아남은 마을엔

질병과 기아와 상잔의
어두운 살풍만이 배회했다.

평화를 사랑하는 조국
조선 사람아
너는 어찌하여
너는 어찌하여 다 같이 조선말을 하는 얼굴 속에서
원수를 찾아내어야 하며
형제와 애인의 인연에
탄약을 쟁여야만 하느냐

그리하여 제각기
자기 남편편이 이겨 오기를
자기 오빠편이 이겨 오기를
얼마나 많이
얼마나 많은 사람들의 가슴이
빌고 있을 것인가.

애인아 누나야

조선 사람아

너는 누구를 위하여 누구에게

어제도 오늘도 방아쇠를 댕기는 것이냐.

삼천리 강토를 침략하는 자 누구냐

어느 놈이

아, 어느 놈이

조선을 저의 방패로 삼으려 하는 것이냐……

오늘도

폭격으로 쓰러진 집 터에선

능구리가 원통히 울었다.

바치는 노래

Y에게

총소리 간간이 사모치는 밤
어데서 누가 우는가
횃불을 켜라 피를 밝혀야

죽엄보다 어김없는 믿음이 있기에
가셨는가 그대여 웃으며 가셨는가

꽃같이
그대 쓰러진 곳에 칼바람 엎으러지고
그대 누우신 자리에 밤새는 찾아오고
그대 무덤 우에 찬란한 복수의 꽃은 피어
그대 가슴 우에

이름의 열매가 맺는 날
푸른 하늘이 트이는 날
오 빛나는 나라 노래를 부르자

만약 내가 죽게 된다면

잔잔한 바다와 준험한 산맥과 들으라
나의 벗들이여
마즈막 하는 내 생명의 율동을

미웁던 것이나 귀엽던 것이나
이제는 잘 있으라 나는 가련다

생각하면 나는 얼마나 많은 사랑의 법열과
또한 얼마나 많은 인간의 추악을 보았단 말인가

단풍든 고덕산에 함께 올라
저 멀리 서해바다와 저 멀리 지리산 줄기를 더듬으
며
소리 질르며 놀던 학우들의 이름이여

아츰 저녁으로 웅장한 한강철교를 지나 통학할 때
시대의 풍운아처럼 차린 청년에게

수집은 추파를 던지던 수많은 여생도들의
인사 없이 사귀인 그리운 얼굴들이며

첫사랑의 불타는 정열을 나에게 쏟아주고
그리고 이내 나를 배반하고 가버린
요염한 눈 모습이여
가시지 못할 내 마음의 여신이여

단장의 비명을 울리며 전기고문 받던
그래도 나에게 위안을 잊지 않던
이름없는 영웅 내 감방의 친구여

나는 추억하나니
괴로웠던 것이나 행복했던 것이나
이제 와서는 내 마음을 현혹케 하는
온갖 영상들

꽁지벌레처럼 쫓아다니는 학정자의 학살을 피하여
서울로 망명할 때
남부여대의 피난민이 오르내리는 천안고개
호젓한 소롯길에서
우리 함께 붉은 까치밥을 따먹으며 길 걷던
영리한 소녀 잊지 못할 얼굴이여

불덩어리 번갯불처럼 쏟아지는 기총소사 밑에서
나의 팔에 안겨 언덕을 넘어서던
누나 잃은 소년이여
까무러쳤던 얼굴이여

탈옥수의 심정으로 채쭉에 끌려 남하할 때
찬 눈을 뭉쳐 먹어가며 넘던 문경새재 고개에서
기한과 피로에 반죽음이 되어 조국을 원망하던
낯설은 수만 청년의 떼직이여

눈보라 휘몰아치는 날

낯선 집 돌각담 밑에 내 지쳐 쓰러졌을 때

행주치마 바람으로 나와 깜밥과 동김치를 쥐어주던

따뜻한 인정의 아가씨여, 따뜻한 아가씨의 얼굴이여

다만 만백성이 만백성을 위하여 평화스러이 노래 부르며

일하는 아름다운 나라가 보고 싶었기에

불태워 보낸 젊음이었노라, 혀를 깨물어

분류처럼 내달려온 젊음이었노라

피비린 낙동수를 반찬삼아

주먹밥 먹던 교육대에서

탐욕의 회멀건 눈으로 가련히 두리번거리던

무고한 젊은이의 피눈물이여

조선사람들의 병들었던 모습이여

나는 회상하나니

이 온갖 희락과 질곡의 골짜기를
그리하여 또 다시 만날 수 없는 인연의 벗들에게
상상 속에 향연을 베풀어 호소를 보내나니

사람과 소가 죽어 나자빠져 뒹구는
낙동강 나루터에서나
눈물을 짜가며 건너던 뼈시린 냇물에서나
하루하루의 피곤을 풀어보는 주막집에서나
알지 못하는 새에 정의가 깊어가던 해후의 길벗
그 처녀들의 환영이여

경부선 열차지붕
싸장사하는 수많은 전재민들 틈에 끼여 된서리를 맞
아가며
또는 시나브로
인가와 도로를 피하여 밤을 새우던 산중에서
우러러보던 별이여, 눈물로

우러러보던 북극성이여

한강 보오트장에서 화창한 남산공원에서
그대들이 마주친 인상깊은 미모의 대학생을
기억하고 있는 사람들이여, 사모해서는 아니될
그를 그리워하고 있는 사람들이여

지금쯤 어디메 산맥에서 푸른 영을 타고 있을
맥고모자 그늘 아래 웃음 웃던 얼굴이여

오다 가다 말없이 지나친 뭇 얼굴들
내 시 낭독에 우뢰 같은 박수를 보내주던 군중들
내가 아는 그리고 내가 모르는
온갖 연분 있는 사람들의 심장이여

나는 가련다
아름다운 처녀지 우에 자유스러이 피어나려던 내 청

춘은
　노망든 독재자와 이방권력에 의하여 무참히
　꺾이어버렸다
　초야의 신부처럼 감격에 부풀었던 나의 희망은
　억울히도 짓밟혀버리었다.

　자유로운 하늘이여
　자유로운 원시림이여
　공화국기와 태극기가 번갈아 올라가는
　죄없는 나의 고향 아득한 한촌이여

　나는 본 일이 있는 그리고 비록 나를 못 봤을지언
　하나도 아니요 백도 아니요 십만도 아니요 더 많은
　그리운 사람들의 마음이여

　나의 발바닥과 손길과 숨결이 스쳐간
　나무며 돌이며 벌판이며 아름다운 강산이여

들으라 마즈막 하는 내 생명의 율동……

지금도 살육의 제단에서 고혈에 포화가 되어

수무족도하는 여름밤의 부나비떼를 보노라

그러나 들으라 나의 벗들이요

먼동 트는 대지요

내 그대들의 추억을 지니고서 어찌 미련없이 떠날

수 있겠느냐

그러나 벗들이여 나는 똑똑히 보았노라

산월달이 된 자유의 여신을

그리하여 탄생될 자유의 여신을 그대들에게 부탁하

며

나의 청춘은 어린 산아를 위하여 피가 되려 하노라

독재정치의 희생이 된 내 생명은

신성한 평화를 위하여 주춧돌이 되어지리라

들으라 잊지 못할 나의 벗들이여

나를 추모하는 뭇 벗들이여

나 대신 그대들의 정열은 갓난 아들 조국에 바치라!

이것만이 내 생명의 율동이 요구하는 벗들에 향하는 마즈막 바램이어라.

내 가슴 속에서
핏덩이가 미치는 것은

내가 우는 것은 너 따문이 아니다
계집아 너 따문에 눈물 흘려야 한다면
나의 눈물은 웃음보다도 가벼운 것이 아니겠느냐

눈바람이 흐느끼고 풋소리 울리던 날
이방권력 앞에 내 짓밟혀 넘어지고
너는 나를 반역하고 너대로 가버릴 때

내가 울은 것은 너 따문인 줄 아느냐

보라 삼천리 강산이
모조리 불타 없어지고
죽어가는 백성들은 수십 없이 끌리어
屍山은 이국 궁전을 위하여
제방이 되며 있거늘

그 따문이다 내가 눈물 흘리는 것은
내 가슴 속에서 핏덩이가 미치는 것은.

달밤 風俗

빛 푸른 달밤
터질 듯한 색시들이
동구밖으로 나와
손에 손목 맞잡고
노래 부른다
한가위의 달밤 꽃잎 문 입술.

노래하는 수레는 돌아간다
꿈결처럼 아득한 달빛 속에서
먼 대기가 탐스런 목청을 쪽쪽이 빨아색인다.

낮에는 성묘, 밤에는 달맞이
강가 언덕에서
총각들이 씨름을 놀이한다.

저기로 가자
베틀은 내일도 있고 모레도 있지 않으냐

꽃이팔을 뿌리며
숙성한 아가씨들은 달리어 간다
갈바람이 설레인다
가슴 속에다 눈물을 적시며 적삼 속마다
더운 한숨이 인다.

논길을 지나 숲을 지나
푸짐한 아우성소리 나는 데로
흰 젖가슴을 헤치고
노래를 외우며
한가위의 달밤 눈물어린 아가씨.

빛나는 강 언덕에서

꽃가룬들 아니 날라오랴
철은 이르지만
철은 이르지만

아름다운 하늘은 넘쳐흐르는 햇빛
향기론 바람은 머리칼에 속살대다

풍장이라도 들려올 듯
풍경화처럼 조용한 대낮
유화빛 강물은 미끄러이 굽이돌고

묵은 계절을 추억과 함께 작별하면
빛나는 가슴, 가슴은 수줍음처럼 반가워……

홀로 놓인 돌방석
우리 함께 강 언덕에 올라와
그리움처럼 노래 부르노라

그리움처럼 노래 부르노라
머언 나라

강물을 건너 둑길을 지나
까마아득한 산맥을 넘어
그곳이 어데라도 좋다
가다가서 쓰러져도 좋은 길

들 국 화

동혈산에 불붙는 단풍과 같이
내 마음 훨훨 불타오른다

까마귀는 울어도 쓸쓸한 시골길
들에 산에 나타나는 너의 목소리 너의 얼골

동혈산에 물드는 붉은 빛과 같이
내 마음 곱게 곱게 불타오른다

궂은비는 나려도 외로운 시골길
들국화는 피어서 나에게 이르는 말

어때요 나의 향기가? 나도 목숨이야요
근데 아저씨 눈동잔 누굴 생각하서요, 네?

개정판을 내면서

민족분단이 고착화된 이후 남쪽 문학사에서 갖는 신동엽 시인의 상징적 의의는 이제 어느 정도 공식화되었다고 말할 수 있을 듯하다. 그가 문단에서 활약하던 1959년부터의 10년간은 지금의 시점에서 돌아볼 때 거의 암흑기라 불러도 지나침이 없을 터인데, 그 참담한 현실을 견디면서 조심스레 토해낸 그의 시들은 냉전이데올로기의 먹구름 사이로 비쳐온 민족언어의 밝은 햇살이었고 외래문화의 더러운 홍수를 뚫고 솟아오른 맑은 공동체적 기억의 회생이었다. 해외동포들의 작품뿐만 아니라 북쪽 문인들의 작품조차 부분적으로 소개됨으로써 민족문학이 그 이름에 값하는 넓이를 확보해가고 있는 오늘에 있어서도 신동엽 시인의 높은 문학사적 지위는 흔들림이 없다고 생각된다.

다 아는 바와 같이 창작과비평사는 완벽한 고증과 충실한 자료수집이 미흡한 상태에서나마 독자들의 요구에 부응하여 『신동엽전집』(1975)을 간행한 바 있다. 지금으로서는 격세지감을 느끼게 하는 어이없는 노릇이지만 이 전집은 출간되자마자 곧 판금조치를 당하였고, 이런 경황중에 시인의 10주기를 앞둔 창비사에서는 장편서사시 「금강」을 제외한 서정시들을 모아 선집 『누가 하늘을 보았다 하는 가』를 출판하였다. 박정희의 유신독재가 막바지에 이르렀 던 1979년 봄의 일이었다. 다행히 이 선집은 독자들의 꾸 준한 애호를 받아 민족시의 한 전범으로 문학사에 각인되 어 있다.

이제 우리는 신동엽 시인의 20주기를 맞이했다. 광주 민중항쟁을 경험한 80년대의 우리 역사는 거대한 민중적 진출과 민족적 각성에 기초하여 새로운 변혁의 시대를 예 감할 수 있게 되었다. 따라서 신동엽 문학의 절박한 현재 성은 상대적으로 감소하는 대신 그 고전적 가치는 더욱 뚜렷해지는 느낌이다. 마침 얼마전 미망인이 보관하고 있 던 유고들이 시집·산문집 두 권으로 묶어져 나옴으로써 신동엽 시인의 또다른 면모를 살펴볼 수 있는 기회가 마 련되었다.

이에 편자는 기왕의 시선집을 바탕으로 하되 미발표 유 작들을 추가하여 새로운 선집을 만들기로 하였다. 크게 두 부분으로 나누어, 제1부는 시인의 생전에 활자화된 작품들을 싣고 제2부는 유고와 연대 미상작을 실었다. 신동엽의 이름을 문단에 처음 알린 당선작 「이야기하는 쟁기꾼의 대지(大地)」를 비롯하여 「서시(序詩)」「바치는 노래」「어느 소녀의 수기(手記)」「압록강 이남」「만약 내 가 죽게 된다면」「내 가슴 속에서 핏덩이가 미치는 것은」

「들국화」「달밤 풍속(風俗)」「빛나는 강 언덕에서」 등을 더 보태었고, 부피를 고려하여 비슷한 수의 작품을 기왕의 선집에서 삭제하였다. 이로써 아마 좀더 알찬 내용의 선집이 되었으리라 자부한다. 초기작답게 얼마간 미숙하고 생경한 반면 좀더 체험의 실제에 밀착된 작품들이 추가된 셈인데, 이 작품들을 본 선집에 재수록하도록 허락한 실천문학사에 감사한다. 마지막으로 신동엽 시인의 20주기를 기념하는 이 시선집이 90년대 민족시의 활기찬 개화를 기약하는 하나의 디딤돌이 되기를 기대한다.

1989년 4월

염 무 웅

창비시선 20

누가 하늘을 보았다 하는가

초판 1쇄 발행 / 1979년 3월 30일
개정판 1쇄 발행 / 1989년 4월 30일
개정판 30쇄 발행 / 2024년 12월 17일

지은이 / 신동엽
펴낸이 / 염종선
펴낸곳 / (주)창비
등록 / 1986년 8월 5일 제85호
주소 / 10881 경기도 파주시 회동길 184
전화 / 031-955-3333
팩시밀리 / 영업 031-955-3399 편집 031-955-3400
홈페이지 / www.changbi.com
전자우편 / lit@changbi.com

ⓒ 신좌섭 1979, 1989
ISBN 978-89-364-2020-8 03810